LECTURES CLE EN

Jacquou le Croquant

Eugène Le Roy

Adapté en français facile
par Brigitte Faucard-Martinez

CLE
INTERNATIONAL

ISBN : 978 209 031770 1

Eugène Le Roy naît en 1836 à Hautefort, en Dordogne.

Fils de régisseur*, il passe son enfance à la campagne et se rend très vite compte des différences sociales et de la vie misérable que mènent beaucoup de paysans du Périgord.

Il entre dans l'armée en 1854 et part en Afrique puis en Italie.

En 1860, il quitte l'armée, retourne dans son pays natal et devient percepteur[1] des impôts.

Il commence alors à écrire des livres sur l'histoire du Périgord.

En 1892, il publie, sous forme de feuilleton, *Le Moulin de Frau.*

En 1899, il publie *Jacquou le Croquant*, roman qui remporte un grand succès.

Il meurt à Montignac en 1907.

* * *

---

1. Percepteur : personne chargée de faire payer les impôts.

Dans *Jacquou le Croquant*, Eugène Le Roy raconte la vie d'un pauvre paysan du Périgord, victime de la méchanceté d'une famille noble, les Nansac.

À travers son personnage principal, l'auteur nous fait découvrir les dures conditions de vie des paysans de l'époque, pauvres, affamés[1] et illettrés[2], mais il nous montre aussi leur capacité de lutte contre l'injustice.

Depuis le XVIᵉ siècle, le Périgord connaît en effet des révoltes menées par les *croquants*, paysans qui attaquent et brûlent les châteaux des seigneurs.

Pendant des siècles, ces hommes ne cessent de lutter contre leurs oppresseurs et c'est l'un d'eux que nous retrouvons sous les traits du personnage attachant de Jacquou.

---

1. Affamé : qui n'a pas de quoi manger.
2. Illettré : qui ne sait ni lire ni écrire.

Les mots ou expressions suivis d'un astérisque* dans le texte sont expliqués dans le Vocabulaire, page 57.

PREMIÈRE PARTIE

PISTE 2

*N*OUS SOMMES EN 1815. Mes parents sont métayers* à Combenègre, domaine de Nansac, dans le haut Périgord[1]. C'est le soir de Noël.

Assis sur un petit banc près de la cheminée, j'attends l'heure de partir pour aller avec ma mère à la messe de minuit[2] dans la chapelle du château de l'Herm. Nous partons enfin. Il fait froid dehors et il commence à neiger. Nous passons devant une autre métairie* du château et nous rencontrons une amie de ma mère.

– Tu emmènes Jacquou ? demande cette dernière à ma mère.

– Il veut absolument venir et puis mon mari est sorti, je ne peux pas laisser Jacquou tout seul.

Nous arrivons enfin dans la chapelle du château. Que de lumières ! Que c'est beau !

---

1. Périgord : ancienne région historique qui fait aujourd'hui partie de l'Aquitaine (sud-ouest de la France). À l'époque du roman, c'est une région sous-développée. Les paysans y mènent une vie très dure et des révoltes éclatent parfois.
2. Messe de minuit : dans la religion catholique, messe que l'on célèbre la nuit de Noël pour fêter la naissance de Jésus.

Une fois la messe finie, nous sortons de la chapelle et ma mère va allumer notre lampe dans la cuisine du château. Je la suis. Quelle cuisine ! Dans l'énorme cheminée brûle un grand feu devant lequel une grosse dinde est en train de rôtir. Sur les tables, il y a toutes sortes de plats appétissants : de la viande, des fruits, des gâteaux... Je n'avais jamais vu autant de bonnes choses réunies.

Ma mère remercie la cuisinière* pour le feu puis nous retournons à la maison. Là, je repense tristement à tout ce que j'ai vu dans la cuisine du château. Chez nous, il fait froid car pendant notre absence le feu s'est éteint. Ma mère le rallume et me donne à manger : une boule de farine de maïs cuite avec des feuilles de chou. C'est froid et ce n'est pas très bon. Pourquoi, là-haut, au château, il y a de si bonnes choses et, ici, il n'y a rien ?

Dans ma tête d'enfant, les idées ne sont pas très claires, mais je comprends pourtant qu'il y a quelque chose qui n'est pas bien.

– Il faut aller au lit, dit ma mère.

Aussitôt couché, je m'endors.

Le lendemain, quand je me réveille, ma mère est en train de préparer la soupe et mon père trie les oiseaux qu'il a chassés la nuit.

Nous mangeons la soupe puis mon père part à Montignac vendre ses oiseaux.

Moi, je sors aussi faire une petite promenade, malgré la neige et le froid. J'aperçois le magnifique château de l'Herm et je repense à sa belle cuisine, puis je reviens à la maison. Je m'ennuie, ce jour de Noël est un jour bien triste.

* * *

PISTE 3

L'hiver se passe ainsi, mon père s'occupant des animaux de la métairie puis allant chasser pour gagner un peu d'argent.

Enfin le froid cesse un peu et ma mère décide d'emmener les moutons manger de l'herbe car il ne reste plus beaucoup de nourriture pour eux dans la ferme.

C'est l'après-midi. Un petit vent froid souffle par moments, mais il fait beau cependant. Ma mère et moi nous sommes assis au bord d'un champ où mangent les moutons. Soudain, alors que je mange tranquillement un mauvais morceau de pain noir, nous voyons arriver un garde* de l'Herm, appelé Mascret. Il dit à ma mère d'aller tout de suite au château, car le régisseur veut lui parler.

Nous ramenons les moutons à la maison puis ma mère part pour le château.

Quand elle revient, le soir, mon père lui demande :

– Qu'est-ce qu'il voulait ?

– Il m'a dit que tu braconnes[1] toujours et que le comte ne trouve plus de lièvres ; il te prévient que tu dois arrêter de chasser et te débarrasser de ta chienne. Puis il a ajouté que si nous ne changeons pas d'attitude, le comte nous mettra dehors.

– Et il t'a dit quelque chose d'autre ?

– Oui, toujours la même histoire : que lui n'est pour rien dans tout ça, qu'il fait ce qu'on lui ordonne, qu'il m'apprécie beaucoup...

– Ah ! la canaille[2] ! Si je le trouve un jour au milieu de la forêt...

– Reste tranquille, dit ma mère, je ne veux pas qu'il nous arrive un malheur.

Quinze jours plus tard, alors que ma mère est en train de préparer le repas, M. Laborie, le régisseur, arrive. Il entre dans la cuisine et dit « Bonjour ! » puis il demande où est mon père.

– Il est parti couper du bois, répond ma mère.

– Tu veux dire braconner ! dit l'autre. Et les bœufs, voyons s'il s'en occupe bien.

Et il sort voir les animaux. Ma mère me prend par la main et le suit.

M. Laborie regarde les bœufs puis les moutons et dit tout bas à ma mère :

– Pourquoi tu ne viens pas me voir, je t'achèterai un beau foulard...

1. Braconner : chasser sans autorisation et dans des endroits interdits.
2. Canaille : personne mauvaise.

Ma mère ne répond pas.

M. Laborie s'en va en criant à ma mère :

– Tu le regretteras[1] ! Ah ! j'oubliais, ajoute-t-il, vous devez vous débarrasser de votre chienne dès aujourd'hui. Si monsieur le comte la revoit, il la fera tuer.

Quand mon père revient, ma mère lui raconte ce qui s'est passé.

– Mon pauvre Martissou, lui dit-elle, je crois que le mieux c'est de vendre la chienne, sinon, nous aurons des problèmes.

– Je ne veux pas la vendre ! répond mon père. Elle est trop bonne pour la chasse.

– Alors conduis-la chez ton cousin. Nous la reprendrons quand nous aurons un autre travail, car je pense que nous devons partir d'ici.

– Tu as raison, dit mon père, je l'emmènerai dimanche.

Un jour, un homme à cheval entre dans la cour et demande à mon père qui se trouve dehors :

– C'est vous Martissou le Croquant, le métayer de M. de Nansac ?

– C'est moi.

L'homme tend alors un papier à mon père et dit :

– Ce papier vous ordonne de quitter la métairie.

Mon père prend le papier, le déchire et jette les morceaux au nez de l'homme.

---

1. Regretter : être mécontent de n'avoir pas fait quelque chose.

– Cela va vous coûter cher ! dit l'homme en riant.

Depuis que nous savons que nous allons partir et que la chienne est chez le cousin de mon père, ma mère est plus tranquille. Mais les choses ne vont pas toujours aussi bien qu'on le veut.

Une nuit, nous entendons gratter à la porte de la cuisine.

– C'est la chienne, dit mon père en allant ouvrir ; j'avais pourtant dit à mon cousin de l'attacher pendant quelques jours.

La chienne entre et saute sur mon père en aboyant joyeusement.

Ma mère ne peut dormir de toute la nuit. Elle est inquiète, elle sent qu'il va se passer quelque chose de grave.

Le lendemain matin, vers neuf heures, alors que nous finissons de manger un peu de soupe, la chienne sort dans la cour en aboyant. Une seconde après, on entend un coup de fusil. Quelques morceaux de plomb[1] viennent frapper la porte de la cuisine et l'un d'eux blesse ma mère au front. En voyant cela, mon père prend son fusil et sort à toute vitesse. Dans la cour, il voit la chienne morte et, à côté, M. Laborie qui donne son fusil à Mascret.

---

1. Plomb : petites boules rondes qui se trouvent dans les cartouches de fusil.

– Ah ! canaille ! dit mon père, tu ne feras plus jamais de mal à personne.

Et il tire sur le régisseur qui tombe mort.

– Qu'est-ce que tu as fait, Martissou ? crie ma mère.

– Cela devait arriver ! dit-il. C'est lui qui l'a voulu.

Puis il rentre dans la maison et ressort bientôt avec un sac où il a mis quelques vêtements et de la nourriture. Il m'embrasse et, son fusil à la main, il se dirige vers la forêt.

Le lendemain, les gendarmes* viennent voir ma mère et lui posent beaucoup de questions sur ce qui s'est passé. Ensuite, l'un d'eux lui demande :

– Et ton homme, où est-il ?

– Je ne le sais pas, répond ma mère, et même si je le savais, je ne vous dirais rien.

* * *

PISTE 4

Pendant un mois, mon père, aidé de Jean, le charbonnier*, un ami qui vient nous voir de temps en temps, peut vivre caché dans la forêt et échappe aux gendarmes. Quelquefois, la nuit, il vient nous faire une petite visite mais il repart aussitôt pour ne pas être pris.

Un jour, le comte de Nansac fait dire par ses gardes qu'il va donner deux pièces d'or à celui qui lui amènera mon père.

Il est dur de gagner sa vie dans ce pays et les gens ont besoin d'argent. La proposition du comte est bien attirante et Jansou, un pauvre homme qui travaille comme journalier* et qui a cinq petits enfants, ne peut résister longtemps à la tentation. Il va un jour trouver le comte et lui dit qu'il sait comment arrêter Martissou, car il sera chez le Rey, qui vit à la Granval, le soir de carnaval[1].

Ce soir-là, à onze heures, alors que chez le Rey tous mangent, boivent et chantent gaiement, la porte de la maison s'ouvre brusquement et deux gendarmes apparaissent.

C'est une grande surprise, comme on l'imagine. Mon père se précipite alors vers la fenêtre et saute dehors mais là, il est pris par deux autres gendarmes qui l'emmènent aussitôt.

* * *

Ce qui doit arriver arrive. Le lendemain, quand elle apprend l'arrestation de mon père, ma mère se met à soupirer d'une voix pleine de tristesse :

– Ô, mon pauvre Martissou, que vas-tu devenir ?

Moi, je pleure. Et toute la journée nous restons serrés l'un contre l'autre en pensant à mon pauvre père et à ce qui l'attend.

---

1. Carnaval : période de l'année, située en hiver, où on s'amuse en se déguisant, en faisant des bals, des défilés...

Le lendemain, un valet* du château vient nous dire que nous devons quitter immédiatement la métairie. Ma mère réfléchit à ce qu'on peut faire et se rappelle qu'il y a, dans la forêt, une vieille maison abandonnée et qu'elle peut peut-être s'y installer.

Elle va donc trouver l'homme à qui elle appartient. Il lui permet d'aller y habiter sans payer car elle est en très mauvais état. C'est donc là que nous allons vivre.

La maison est vraiment pire que la métairie et il y fait très froid. D'autre part, il ne nous reste que très peu d'argent et ma mère doit trouver du travail. On lui dit qu'à Puy-Pautier, un riche paysan nommé Géral cherche une femme pour travailler dans les champs. Ma mère se présente chez l'homme qui accepte aussitôt de la prendre.

Tous les matins, nous partons pour la ferme de Géral et, pendant que ma mère travaille, moi je joue avec la fille de la servante*, qui a mon âge et qui s'appelle Lina.

Mais au bout de douze jours, Géral dit à ma mère que, pour le moment, il n'a plus de travail pour elle. Nous partons donc. Ma mère est très inquiète pour notre avenir et moi je suis bien triste de quitter Lina.

* * *

Un soir, le maire* nous fait dire que nous devons nous rendre à Périgueux, car on va juger[1] mon père.

Nous nous mettons donc en route et, après un long voyage, nous arrivons dans la ville.

À dix heures, le jour du procès[2], nous nous trouvons dans la cour du tribunal[3]. Soudain, mon père arrive. Il est entouré de gendarmes et il a les mains attachées avec des chaînes. En le voyant, ma mère pousse un cri et court se jeter sur lui. Elle l'embrasse en criant et en pleurant. Les gendarmes lui disent de se retirer.

– Donnez-moi mon enfant, dit mon père.

Ma mère me prend, me soulève jusqu'au visage de mon père et je me serre de toutes mes forces contre lui.

– Mon pauvre Jacquou ! mon pauvre Jacquou ! dit mon père en m'embrassant.

Mais les gendarmes nous obligent à nous séparer et ils emmènent mon père. Puis nous entrons dans la salle du tribunal.

Je ne comprends pas très bien ce qui s'y passe, mais je vois que ma mère éclate en sanglots quand elle entend le président* dire que mon père est

---

1. Juger quelqu'un : étudier le crime qu'une personne a commis et prononcer la sentence.
2. Procès : c'est pendant le procès que le crime est examiné et qu'on prononce la sentence.
3. Tribunal : lieu où se déroule le procès.

condamné au bagne[1]. C'est alors que j'entends le comte de Nansac dire à Mascret :

– Il mourra au bagne ! Tant mieux, en voilà un de moins.

Très tristes, nous refaisons le voyage pour rentrer chez nous.

***

PISTE 5

À partir de ce jour, ma mère passe ses journées à pleurer. Elle travaille de temps en temps chez des fermiers* qui ont besoin de quelqu'un pour quelques semaines. Pendant ce temps, moi je reste à la maison et je vais quelquefois chasser pour apporter quelque chose à manger.

Je pense souvent à mon père. Ma mère me dit que la vie au bagne est très dure. Elle a peur pour lui.

Quelques mois plus tard, le maire fait appeler ma mère.

– Ton homme a attrapé les fièvres[2] et il est mort il y a quinze jours, nous dit-il.

Sans dire un mot, ma mère me prend par la main et nous sortons. Cette fois, elle ne pleure

---

1. Bagne : prison où étaient envoyés les criminels pour réaliser des travaux très durs.
2. Les fièvres : ici, le paludisme. C'est une maladie causée par un parasite transmis dans le sang par les moustiques.

pas. Elle se met à marcher d'un pas rapide. Au lieu de rentrer à la maison, elle me conduit dans la forêt. Nous marchons vite, de plus en plus vite. Enfin nous atteignons la lisière de la forêt. Il fait déjà nuit mais devant nous se dresse, sinistre, le château de l'Herm. Alors ma mère s'arrête de marcher et dit d'un ton dur :

– Mon garçon, ton père est mort au bagne, tué par le comte de Nansac. Tu vas jurer de le venger. Fais comme moi.

Et, suivant la coutume des serments[1] solennels des paysans du Périgord, elle crache dans sa main droite et la tend ouverte vers le château.

– Vengeance contre les Nansac ! dit-elle trois fois à haute voix.

Et moi, je fais comme elle et je répète trois fois :

– Vengeance contre les Nansac !

Puis nous rentrons.

* * *

La vie continue comme avant. Ma mère travaille une semaine par-ci, une semaine par-là et moi, je braconne. Je pense souvent au serment que j'ai fait à ma mère et la haine pour les Nansac commence à naître en moi.

---

1. Serment : promesse.

C'est la Saint-Jean et, comme chaque année, on allume des feux dans la campagne. J'aime regarder les flammes et, soudain, une idée me vient : pourquoi ne pas brûler la forêt de l'Herm ? Ce sera ma façon de venger mon père, de faire du mal à ces Nansac qui l'ont tué.

Je pense à cela jour et nuit. Je fais un plan et je décide de le mettre à exécution.

À cette époque, ma mère travaille comme faneuse* dans une ferme qui se trouve loin de la maison et elle ne peut pas rentrer chaque soir.

Je profite de cette occasion pour venger mon père.

Une nuit, je pars au cœur de la forêt avec un sabot[1] plein de braises[2]. Je les verse sur un petit tas d'herbes sèches que j'ai formé dans l'après-midi et je me mets à souffler dessus. Le feu prend aussitôt. J'ajoute des petites branches mortes, je reste à regarder un instant le feu grandir puis je me sauve rapidement. Sous l'action du vent, le bois ne met pas longtemps à brûler.

Vers minuit, on entend des bruits de tous les côtés. Je sors de la maison pour voir ce qui se passe et je contemple, ravi, la forêt du comte en train de brûler.

Je me sens enfin un homme.

---

1. Sabot : chaussure en bois des paysans.
2. Braise : bois réduit en charbon qui brûle encore.

J'ai l'impression d'avoir un peu vengé mon père mais je sais, dans le fond, que je ne suis pas encore satisfait et que je vais chercher d'autres moyens de me venger.

* * *

L'hiver revient et il fait très froid. L'incendie de l'Herm est depuis longtemps oublié. Le comte a cru que le feu a été mis par des enfants en s'amusant.

Un jour, ma mère rentre du travail toute mouillée à cause de la pluie et tremblante de froid. Elle se couche aussitôt. Elle est brûlante de fièvre. J'ai peur. Je veux aller chercher de l'aide, mais elle refuse. Elle ne cesse de dire :

– Ne me quitte pas, mon Jacquou.

Alors je reste près d'elle et je lui prends la main.

Si je me lève pour aller chercher quelque chose, elle ouvre les yeux et me dit :

– Tu es là, mon Jacquou ? Ne me laisse pas !

Et je lui réponds :

– Mère, tu sais que je ne vais pas te quitter.

Son état s'aggrave. Elle est de plus en plus brûlante. Je ne la quitte pas une seconde. Elle dort par instants et ne cesse de gémir. Soudain, elle ouvre les yeux, me regarde fixement puis plus rien : elle est morte.

Alors, plein de douleur et de peur, je l'appelle :
– Mère ! Mère !

Et je me mets à pleurer et je reste ainsi, près d'elle, longtemps, très longtemps.

Enfin je me décide à aller chercher des gens.

Le lendemain, ma mère est enterrée.

Quand tout est fini, je décide de quitter cette horrible maison et de chercher du travail.

Je prends avec moi les quelques objets qui nous appartiennent et je me mets en route vers le premier village.

DEUXIÈME PARTIE

PISTE 6

*D*ANS TOUS LES VILLAGES que je traverse, je demande si on a du travail pour moi. Mais les gens sont curieux et, avant de répondre, ils veulent savoir qui je suis et d'où je viens. Dès que je dis que je suis le fils de Martissou, qui a tué Laborie et qui est mort au bagne, leur visage change et ils me répondent qu'il n'y a pas de travail pour moi dans le village.

Je me sens découragé. Je continue pourtant ma route et, un matin, j'arrive à Fanlac. Je vais jusqu'à la place de l'église et je reste un moment à la contempler, tout en me demandant ce qui va m'arriver.

Soudain, j'entends une voix qui me dit :

– Que fais-tu là, petit ?

Je me retourne et je vois un curé*. C'est un homme grand et fort aux cheveux grisonnants[1] et au regard si doux que je sens tout à coup le besoin de lui parler, de lui raconter ma triste histoire, et c'est ce que je fais.

Quand je finis de parler, le curé me dit :

---

1. Grisonnant : qui commence à devenir gris.

– Viens avec moi.

Sa maison est près de l'église.

Je suis très sale et mes vêtements sont déchirés. En me voyant entrer derrière le curé, sa servante, qui prépare la soupe, s'écrie :

– Mais qui c'est, celui-là ?

– Tu le vois bien, répond le curé, un pauvre enfant mal habillé et qui n'a plus ni père ni mère.

– Mais il doit avoir des poux[1] ?

– S'il en a, ma bonne Fantille, nous les lui enlèverons. Le plus important, c'est de le faire manger.

Et, là-dessus, il prend une assiette dans le buffet[2] et la remplit d'une bonne soupe aux choux.

– Tiens, mange, petit, dit-il avec un sourire.

Je mange rapidement, sans parler.

Après le repas, monsieur le curé, qui s'appelle Bonal, me pose plus de questions sur ma famille. Quand je parle de mon père, ma haine pour le comte de Nansac se sent dans mes paroles, dans mon regard. C'est si fort que le curé Bonal me dit :

– Alors, si tu peux te venger, tu le feras ?

– Oh ! oui ! dis-je, les yeux brillants.

Une idée lui vient :

– Tu l'as peut-être déjà fait ? demande-t-il en me regardant fixement.

---

1. Pou : insecte qui vit en parasite sur la tête de l'homme.
2. Buffet : armoire où on met de la vaisselle.

– Oui, monsieur le curé...

Alors je lui raconte l'incendie de la forêt de l'Herm.

– Comment, malheureux, c'est toi qui as fait ça ? Tu sais pourtant qu'il faut pardonner à ses ennemis.

Pardonner au comte de Nansac, qui a tué mon père et ma mère ! C'est une idée qui ne me plaît pas. Je ne dis rien au curé, mais je sais, au fond de mon cœur, qu'un jour je me vengerai de cet homme horrible.

Après cette conversation, le curé Bonal m'invite à passer dans ma chambre et, pour la première fois de ma vie, je dors dans de beaux draps blancs.

Le curé a pitié de moi et décide de me garder chez lui.

Il me fait faire des habits neufs et je mange tous les jours à ma faim.

Quel changement dans mon existence !

Un soir, le curé me dit :

– Maintenant que tu es habitué à moi et à ta nouvelle vie, je vais t'apprendre à parler correctement, puis à lire et à écrire.

À partir de ce jour, tous les matins il me donne deux heures de leçons et, tous les soirs, avant le dîner, deux heures de plus.

J'aime apprendre et je fais tout mon possible pour bien le faire, afin de contenter ce bon curé.

Cinq années se passent ainsi. Je mène une vie agréable auprès du curé Bonal.

Pendant la semaine, je continue à étudier mais surtout je travaille pour apprendre le métier de cultivateur*. Le dimanche, je vais jouer aux quilles[1] avec d'autres garçons du village.

Il m'arrive encore parfois de penser au comte de Nansac et mon cœur se remplit de haine. Je cherche à l'oublier, mais je sais que je ne vais pas y parvenir.

Un jour, le curé Bonal m'envoie à la Granval, chez le Rey, faire une commission.

Quand j'arrive là-bas, la femme du Rey a du mal à me reconnaître :

– Comme tu as changé, Jacquou, te voilà devenu un beau garçon !

Je dîne et je couche chez ces braves gens. Mais j'ai beaucoup de mal à m'endormir, car je pense à la nuit où mon père a été arrêté dans cette maison.

Le lendemain, tôt le matin, je repars pour Fanlac.

Depuis quelque temps, je ne sais pas pourquoi, chaque fois que je vois un garçon et une fille se promener seuls en se tenant par la main, je me

---

1. Quille : morceau de bois long qu'on place à une certaine distance pour le faire tomber avec une boule.

sens ému et je repense à la petite Lina.

Ce matin-là, étant près de chez elle, j'éprouve une grande envie de la voir. Je rencontre une fillette et je lui demande si Lina habite toujours ici et où je peux la voir. Elle m'indique au loin un champ et me répond qu'elle doit être là avec ses moutons.

Je me dirige à grands pas vers l'endroit. J'aperçois bientôt Lina. Elle est assise au pied d'un arbre et coud en gardant ses moutons. Sans faire de bruit, je m'approche d'elle :

– Oh ! Lina ! c'est donc toi !

– Jacquou ! dit-elle en me reconnaissant et en devenant toute rouge.

Alors, nous nous mettons à parler de ce qui s'est passé dans notre vie depuis qu'on ne s'est pas vus.

– Que tu es jolie, Lina !

– Tu dis ça pour rire, Jacquou !

– Non, pas du tout, je dis vraiment ce que je pense. Mais je dois rentrer à Fanlac. Comme j'aimerais te revoir ! Tu veux bien ?

Elle hésite un instant et, avec un grand sourire, elle me répond :

– Moi aussi, Jacquou, j'aimerais bien te revoir. Écoute, le 23 août, c'est la fête à Auriac. Je vais y aller avec une voisine...

– Eh bien, j'irai aussi à Auriac.

Et, la regardant avec amour, je lui prends la main et dis :

– Oh ! ma Lina, si tu savais comme je suis content... Au revoir !

Je l'attire contre moi et je l'embrasse. Puis je pars en regardant plusieurs fois derrière moi.

Nous nous revoyons à Auriac. Elle est avec une amie, Bertille. Nous passons une très bonne journée ensemble et, chaque fois qu'il y a une fête, nous cherchons à nous revoir.

Je suis l'homme le plus heureux de la terre. J'aime Lina et je sais qu'elle m'aime. Toute mon existence a changé en peu de temps et j'ai l'impression que mes souffrances sont à jamais finies.

* * *

PISTE 8

Malheureusement, rien n'est éternel[1] et la vie heureuse que je mène va avoir une fin.

Un jour, le curé Bonal reçoit une lettre de l'évêque* qui lui apprend qu'il doit quitter Fanlac et qu'il ne peut pas continuer à être curé. La raison de cette affaire semble remonter à la Révolution française, pendant laquelle le curé Bonal a aidé les révolutionnaires.

Le curé Bonal quitte donc son habit ; il nous emmène, Fantille et moi, et il va s'installer à la Granval, dans une maison qui lui appartient.

D'un côté, je suis très triste pour le curé Bonal

---

1. Éternel : qui dure toujours.

mais, d'un autre côté, je suis content car je me rapproche de Lina.

Je m'occupe de la Granval. Le bon curé m'aide de son mieux, mais je le sens triste et sa santé commence à ne plus être bonne.

En revenant à la Granval, j'ai tout de suite pensé à Lina mais pas du tout au comte de Nansac. Pourtant, un événement va bientôt me rappeler son existence et surtout ma soif de vengeance.

Un soir d'hiver, je reviens de couper de l'herbe pour les moutons. Il commence à faire nuit. Je marche tranquillement sur le chemin qui suit le bois. Soudain, j'entends derrière moi le pas pressé d'un cheval.

L'idée me vient aussitôt que c'est le comte de Nansac, mais je continue à marcher sans me retourner.

– Pousse-toi, maraud[1] ! crie soudain de Nansac.

Je fais comme si je n'entends pas.

Quand le cheval arrive derrière moi, je me retourne brusquement et, attrapant la bride[2], je lève mon bâton et dis avec colère :

– Est-ce que tu veux écraser le fils après avoir fait mourir le père au bagne, dis, mauvais homme ?

---

1. Maraud : bandit.
2. Bride : pièce de cuir qu'on fixe sur la tête d'un cheval pour le conduire.

Le comte de Nansac est d'abord étonné. Habituellement, les paysans se retirent aussitôt dès qu'il donne un ordre. Mais il se reprend vite. Il tire son couteau de chasse et me menace :

– Lâche immédiatement la bride de mon cheval, sinon...

– Sinon... Je me moque de toi, Nansac, tu ne me fais pas peur !

Et je lâche la bride.

L'autre part aussitôt au galop.

En rentrant à la maison, je raconte à Bonal ce qui s'est passé. Ce dernier est inquiet, car il sait que le comte va chercher à se venger du pauvre paysan qui a osé lui tenir tête[1].

– Fais attention, Jacquou, me dit-il. Évite d'aller du côté de l'Herm et, surtout, ne traverse pas ses terres ni ses bois.

Je suis les conseils de Bonal et, pendant six ou huit mois, je ne revois pas le comte.

En m'installant à la Granval, j'étais content, comme je l'ai dit, de me rapprocher de Lina.

Nous nous voyons le dimanche après-midi seuls ou avec son amie Bertille. Mais un dimanche où je dois la retrouver, ce n'est pas elle qui vient au rendez-vous, mais sa mère. Elle s'approche de moi et me dit :

– À partir d'aujourd'hui, tu ne peux plus par-

---

1. Tenir tête à quelqu'un : s'affronter à quelqu'un.

ler à Lina. Elle va bientôt se marier avec un autre, j'en ai décidé ainsi.

La mère de Lina veut en effet lui faire épouser un vieil homme riche.

Sur le moment, je ne sais plus quoi dire. Je me reprends bientôt et lui dis :

– Bien, je ne verrai plus votre fille ; mais vous ne pouvez pas m'empêcher de l'aimer.

– En effet, je n'y peux rien, mais tu ne peux plus venir chez nous et je ne veux pas te voir parler avec elle dehors.

Cette nouvelle me rend très triste. J'aime Lina et je veux qu'elle soit ma femme. Mais que puis-je faire ?

Les dimanches suivants, je rencontre Bertille, son amie. Elle me dit que Lina est triste, qu'elle passe ses journées à pleurer car elle ne veut pas se marier avec cet homme que sa mère a choisi pour elle. Alors sa mère se fâche et la bat.

Je suis très malheureux. Je sais que je ne peux rien faire pour aider Lina.

Sur ce, un autre malheur vient me frapper.

Un matin, comme il sort de la maison pour aller chercher des marrons[1], Bonal a une attaque[2] et meurt.

---

1. Marron : fruit du châtaignier (de couleur marron) qu'on ramasse en automne.
2. Attaque : crise cardiaque (du cœur).

Avec la Fantille, nous préparons tout pour l'enterrement.

Bonal a des cousins qui vont hériter de la Granval.

Après l'enterrement, ils prennent possession de la maison.

***

PISTE 9

Je les regarde faire tout en préparant mes affaires pour partir, car ils ne veulent pas me garder à leur service.

Ils cherchent dans toutes les armoires et font des commentaires qui me mettent en colère.

– Vraiment, dit la femme après avoir fouillé dans l'armoire de la chambre, je suis déçue. Je pensais qu'un ancien curé avait plus de linge que ça.

– Et moi, je croyais qu'il avait plus de vin. Je suis allé à la cave et c'est tout juste si j'ai trouvé quelques bouteilles, ajoute l'homme.

Je ne peux pas supporter de rester une heure de plus avec ces horribles personnes. Je dis à la Fantille :

– Partons.

Nous prenons nos affaires et nous nous dirigeons vers la porte.

En nous voyant chargés, la cousine de Bonal nous dit :

– Qu'est-ce que vous emportez dans vos paquets ?

– Nos affaires... Rien n'est à vous, ne vous inquiétez pas !

Et nous sortons.

J'accompagne la Fantille jusqu'à Fanlac, où elle va servir chez des anciens amis du curé Bonal. Et me voilà à nouveau seul. Sans famille. Je n'ai plus mon protecteur, je n'ai plus ma chère Lina.

Je suis toujours resté en contact avec Jean le Charbonnier, qui avait aidé mon père quand il était dans les bois après la mort de Laborie. Il me propose d'aller vivre chez lui et j'accepte.

Sa maison est pauvre et nous avons tout juste de quoi manger, mais peu importe, au moins, je ne suis pas complètement seul.

Le lendemain, je décide d'aller du côté de chez Lina. Je veux la voir même si je ne peux pas lui parler.

Je m'approche de sa maison et je la vois sortir avec ses moutons. Je la suis discrètement jusqu'au champ où elle les garde. Alors je me mets à siffler pour attirer son attention. Elle me voit. Je lui fais signe de venir à un endroit où on ne peut pas nous voir. Elle court vers moi. Elle se serre dans mes bras et nous nous embrassons longuement.

Alors elle me raconte tout ce que lui fait sa mère, qu'elle a peur, qu'elle ne veut pas se marier avec ce vieil homme.

– Écoute, Linette, ma douce, ne te décourage pas. Je vais essayer de trouver le moyen de te sortir de là. Patience surtout ! Nous avons encore du temps avant ton mariage. Tout peut s'arranger. Tous les dimanches, j'irai à Bars. Dis à Bertille de me retrouver là-bas pour me donner de tes nouvelles.

J'embrasse ses yeux humides, je la serre très fort dans mes bras et je pars.

Les choses vont ainsi pendant quelque temps : Lina est toujours malheureuse mais elle reprend courage ; moi, je fais quelques travaux par-ci par-là pour gagner un peu d'argent et je chasse.

Un jour d'hiver, je tue un loup puis je pars l'apporter à la mairie de Bars, car je sais qu'on offre une récompense à ceux qui tuent les loups.

En effet, on me paye quinze francs.

Je donne une partie de cette somme à Jean et, avec le reste, j'achète une bague à Lina.

Le dimanche suivant, je la donne à Bertille pour la remettre à mon amie. C'est ma façon de lui dire de ne pas perdre courage. Mais je ne suis pas dupe[1], je sais que les choses ne s'arrangent pas facilement.

---

1. Je ne suis pas dupe : je ne me fais pas d'illusions.

TROISIÈME PARTIE

PISTE 10

*L*E TEMPS PASSE CEPENDANT.
Le beau temps arrive et je peux gagner un peu d'argent en travaillant comme journalier dans différents endroits.

Comme je n'entends plus parler du comte de Nansac, je prends moins de précautions qu'avant quand je me promène ou quand je rentre du travail.

J'ai l'impression qu'il ne veut pas se venger de moi. Pourtant, Jean me dit quand nous parlons de lui :

– Sois prudent ; cet homme est capable de tout. Il fait semblant de t'avoir oublié mais c'est pour mieux t'attraper. Il est très malin.

Une nuit que je ne peux pas dormir, je sors me promener dans la forêt et je m'assois au pied d'un arbre.

Je suis triste. Je pense à ma chère Lina si malheureuse chez elle. J'ai pu parler avec elle le dimanche d'avant. Elle pleurait en me racontant tout ce qu'elle doit supporter. J'ai envie de m'enfuir avec elle, mais j'ai peur qu'elle souffre encore plus si on nous retrouve.

Tandis que je pense à tout cela, je vois un renard approcher. Il poursuit un lièvre et ne fait pas attention à moi. C'est l'occasion de l'attraper et c'est ce que je fais en un tournemain[1].

Je le mets dans mon sac et je m'en vais.

Il est deux heures du matin ; il y a du brouillard. Je marche vite sur le chemin. Tout à coup, je me prends les pieds dans une corde qui a été tendue en travers du chemin et je tombe de tout mon long[2]. Dès que je suis à terre, des gens se jettent sur moi, me bâillonnent[3] avec un mouchoir, m'attachent les mains derrière le dos, puis les jambes, et me mettent sur un cheval qui part au galop. Me voici enlevé.

J'en suis sûr, c'est un coup du comte de Nansac. Que va-t-il faire de moi ?

Au bout d'un moment, je comprends, en entendant les pas du cheval, que nous passons sur un pont de bois.

– C'est le pont du château, me dis-je.

Peu après, le cheval s'arrête. On me descend puis on me traîne par des escaliers de pierre. On me passe alors une corde sous les bras et bientôt je sens qu'on me descend dans le vide. Après une descente d'environ dix mètres, je touche le sol et

---

1. En un tournemain : rapidement.
2. De tout mon long : avec tout mon corps touchant le sol.
3. Bâillonner : mettre quelque chose (un mouchoir) sur la bouche de quelqu'un pour l'empêcher de crier.

je reste couché sur le ventre. On coupe la corde, j'entends le bruit d'une dalle[1] qui tombe sur la pierre et plus rien.

Je suis enterré dans la prison du château de l'Herm.

Que vais-je devenir ?

Je suis là, sans savoir que faire. Je ne peux pas bouger. Je pense à ma chère Lina et à Jean. Il avait raison : le comte de Nansac est capable de tout.

Je parviens à m'asseoir contre le mur. Je reste ainsi un long moment.

Depuis combien de temps suis-je dans ce trou ? J'ai faim. Aucune lumière n'arrive dans ma prison. Je sens que je vais mourir. Mais je ne veux pas perdre espoir. Jean va s'inquiéter de moi. Il ira voir les amis du curé Bonal qui sont des gens importants. Ils me chercheront. Ils me sauveront.

Le temps passe. Je me sens faible, épuisé. J'ai soif, très soif. Je m'endors.

Quand je me réveille, je ne sais plus où je suis. Puis tout me revient. Il faut que je bouge sinon mon corps déjà faible sera encore plus faible. Je me mets à ramper[2]. Tandis que j'avance ainsi, je pose mes mains sur quelque chose qui ressemble à du bois mort. Je touche longuement ce bois et alors l'horrible vérité

---

1. Dalle : plaque de pierre.
2. Ramper : avancer sur le ventre.

m'apparaît : ce sont les restes d'un squelette[1].

– Mon Dieu, c'est le sort qui m'attend, dis-je désespéré.

Soudain, la tête me tourne et je m'évanouis.

* * *

PISTE 11

Quand je reviens à moi, je suis dans un lit ; on me fait avaler un peu de bouillon[2] mélangé avec du vin. La lumière du jour me fait mal, je ferme les yeux. Je reste un moment ainsi puis j'ouvre à nouveau les yeux et je reconnais Jean.

– Et Lina ? lui dis-je faiblement.

– Eh bien, tu la verras quand tu iras mieux.

Tranquillisé, je me rendors.

Pendant toute ma convalescence, je parle souvent de Lina à Jean et, bien sûr, je demande comment il m'a retrouvé. Il m'explique qu'un matin on m'a trouvé sur un chemin, sans vie, le visage et les mains couverts de sang.

Le lendemain de ma disparition, Jean avait alerté les amis du curé Bonal qui étaient allés trouver les gendarmes. Les paysans, qui avaient appris ce qui m'arrivait, étaient nerveux et voulaient se rendre au château de l'Herm.

Avec Jean, nous en concluons que le comte a

---

1. Squelette : ici, ensemble des os d'un homme.
2. Bouillon : soupe qui a été préparée avec des légumes et de la viande et dont on a tout retiré pour boire le liquide bien chaud.

pris peur et qu'il a décidé de me libérer.

Mon désir de me venger du comte de Nansac est plus fort que jamais.

Grâce aux soins de Jean, un mois plus tard je suis enfin bien.

Dès que je le peux, un dimanche matin, je vais à Bars pour essayer de voir Lina.

Quand j'arrive sur la place, je vois Bertille sortir de l'église. Elle vient aussitôt vers moi.

– Lina est là ? lui dis-je.

Elle me regarde d'un air triste et étonné :

– Alors, tu ne sais rien ? me demande-t-elle.

– Mais quoi ? Dis vite !

– Hélas, mon Jacquou, tu ne verras plus la pauvre Lina !... Elle est morte !

– Oh ! Dieu ! dis-je accablé par cette nouvelle.

Alors Bertille m'emmène plus loin, sur un chemin écarté, et me raconte ce qui est arrivé.

La mère de Lina voulait avancer le mariage. Lina résistait. Sa mère, folle de rage, la battait plus que jamais.

– Un soir que sa mère a frappé très fort, la pauvre Lina, prise de peur, s'est enfuie et est allée te trouver chez Jean. Mais il n'y avait personne. Elle a vu une voisine et elle lui a demandé où tu étais.

– Ah ! pauvre fille ! qui sait où il est ! Voici trois jours et trois nuits qu'on ne l'a pas vu ; on l'a peut-être assassiné ou jeté dans la rivière.

Alors, la pauvre Lina, désespérée, est allée se

jeter dans la rivière.

Je ne peux pas en entendre plus.

Je m'enfuis, fou de douleur, vers la forêt, je me jette au pied d'un arbre et je pleure pendant des heures.

Le soir venu, je reviens chez Jean et je me couche sans dîner.

À partir de ce jour, le soir, je commence à aller dans les villages qui sont près du château de l'Herm, pour parler avec les paysans, car je sais qu'ils en veulent au comte. Partout je leur rappelle tout le mal que Nansac fait contre chacun de nous. Tous ont souffert à cause de lui.

Ils sont tous de mon avis, mais ils ont peur.

Un soir, un homme me dit :

– Tu sais bien, mon pauvre Jacquou, que ton père a perdu la vie parce qu'il s'est rebellé contre ce méchant homme !

– Écoutez, leur dis-je alors,

on ne va pas condamner au bagne tous les gens de nos villages. Un seul paiera pour tous, leur chef : c'est moi qui le serai, je serai responsable de tout.

Dans ce genre d'affaires, il faut être prudent et faire attention à qui on parle. Mais ici, pas de danger, tous détestent Nansac.

Pendant trois mois, je continue à parler avec les gens et je finis par les convaincre. Nous nous retrouvons un jour dans un bois. Je monte sur une pierre et je dis devant la foule rassemblée :

– Êtes-vous bien décidés à vous venger des Nansac ? à vous débarrasser pour toujours de cette famille de loups ?

– Oui ! oui ! répondent-ils.

Alors, les faisant se tourner vers le château de l'Herm, je les fais jurer comme ma mère m'avait fait jurer.

– À bas les Nansac !

– C'est bien, mes amis ; et maintenant, rentrez chez vous et tenez-vous prêts. Une nuit, vous entendrez trois coups de corne[1] secs suivis d'un autre coup plus long, venez tous ici au plus vite : l'heure de la vengeance aura sonné.

Sur ce, nous nous séparons.

* * *

PISTE 12

---

1. Corne : instrument pour sonner, appeler.

Un jeune garçon, qui est très malin, est chargé de surveiller le château.

Un soir que Jean et moi nous finissons de dîner, je le vois arriver :

– Tous les messieurs qui étaient au château sont partis. Il n'y a plus maintenant que le comte, ses filles, les gardes et les serviteurs.

– Ah ! dis-je en me levant, le jour est enfin arrivé. Mange un peu, puis va prendre ton poste de surveillance près du château.

Je vais sonner de la corne et, une heure plus tard, nous nous retrouvons tous, armés, dans la forêt.

Mon intention est d'attaquer le château et, après l'avoir pris, de le brûler, afin de débarrasser la région de cette famille de brigands[1].

Nous partons. Nous marchons en silence, sans faire de bruit. Une fois sur le chemin qui mène au château, nous rencontrons le jeune garçon qui surveille. Il nous dit que tout le monde au château est endormi.

Nous continuons.

Arrivés devant le château, tous se mettent à courir et se jettent sur la porte qu'ils commencent à frapper à coups de hache. Elle ne tarde pas à céder.

– En avant ! dis-je.

1. Brigand : bandit.

Et, prenant la hache d'un paysan, je m'élance dans l'escalier, suivi de tous ceux qui sont là.

En arrivant au premier étage, je trouve le comte, ses filles ainsi que Mascret, en vêtements de nuit, chargeant leurs armes.

– Ah ! brigand ! dis-je en me jetant sur le comte.

Il essaie de lever son fusil mais je suis déjà sur lui et je le tiens. Il lâche son arme.

Mes amis ont pris ses filles et Mascret. D'autres se chargent des gardes et des serviteurs. Je sens que mes amis sont nerveux. Ils commencent à maltraiter les gens du château.

– Arrêtez ! Il ne faut faire de mal à personne maintenant ! dis-je d'un ton autoritaire. Descendons-les dans la cour.

D'autres paysans sont dans la cour. En me voyant arriver avec Nansac, une femme se précipite vers nous une hache à la main :

– Brigand ! lui crie-t-elle. Ma fille a perdu son honneur à cause de ton fils. Comme il n'est pas là, tu vas payer pour lui !

En l'entendant, les autres paysans crient :

– À mort ! À mort !

– Arrêtez !... Jusqu'ici, mes amis, je vous ai bien conseillés, n'est-ce pas ? dis-je.

– Oui ! oui !

– Mais, Jacquou, c'est toi qui as le plus à te plaindre, ici. À cause de lui, tu as perdu ton père, ta mère et ta fiancée ! crie la femme qui veut tuer Nansac.

– Oui, mais le tuer ne servira à rien. Il faut lui faire perdre tous ses biens. Il va enfin apprendre ce que c'est d'avoir faim. Le feu, c'est notre vraie vengeance.

Alors tous crient :

– Brûlons le château !

Et, quelques minutes plus tard, le château et la forêt de l'Herm sont en flammes.

Je contemple un moment le feu puis je dis à mes amis :

– Maintenant que justice est faite, laissez partir tous ces gens. Ils n'ont plus rien, ils vont enfin souffrir.

Une fois lâchés, le comte et les siens partent en courant vers la plus proche métairie du comte.

Alors je dis :

– Rappelez-vous que je suis le seul responsable de cette affaire. Si les gendarmes viennent vous trouver, dites-leur que je suis coupable de tout.

Puis nous partons chacun de notre côté.

Le lendemain, au lever du jour, on frappe fortement à la porte. Jean se lève et revient en disant :

– Ce sont les gendarmes.

– Dis-leur que j'y vais, dis-je.

Je m'habille et je sors. Les gendarmes m'enchaînent les mains et m'entraînent avec eux.

– Au revoir et merci, Jean, dis-je à mon ami.

On me conduit à Sarlat où je reste jusqu'au jour de mon procès.

Il a lieu le 29 juillet 1830. Il y a beaucoup de monde au tribunal.

Nansac et sa famille témoignent contre moi. Mais d'autres personnes, comme les amis du curé Bonal, parlent en ma faveur.

J'écoute avec peu d'attention ce que dit le procureur*. Pourtant, il demande ma mort. Il dit que j'ai le crime dans le sang. Il parle de mon père et de la mort de Laborie.

Moi, je pense à mon père, mon père assis sur ce même banc du tribunal et mourant au bagne. Je pense à ma mère mourant dans une horrible maison et je pense à ma chère Lina qui dort à jamais dans le lit[1] de la rivière, et maintenant que je les ai tous vengés, je peux mourir, je n'ai pas peur...

– Maître Fongrave, vous avez la parole, dit le président.

Alors, mon avocat* se lève et se met à parler de sa voix grave.

Il parle de ma famille, des dures conditions de vie de mes parents. Il parle des humiliations subies à cause des Nansac. Il en vient à moi et à mon enfance et raconte tous mes malheurs cau-

---

1. Lit : creux dans lequel coule la rivière.

sés par la méchanceté du comte et, à mesure qu'il parle, je vois les visages des jurés* changer : ils sont plus doux. Et quand mon avocat parle des quatre jours où j'ai été enfermé dans le château, sans nourriture, sans eau, il y a dans la salle un murmure de colère qui commence à monter.

Mon avocat se demande comment un tel crime n'a pas été puni et il termine de parler avec ces mots :

– Les gens, comme ce brave homme que vous avez devant vous, ont beaucoup trop souffert pour être jugés coupables de ce qu'ils ont fait contre ceux qui les tyrannisaient[1] depuis des générations. Comme la justice n'est jamais en leur faveur, ils la font eux-mêmes. Et ils en ont le droit. Alors, messieurs les jurés, je vous le demande, soyez justes, acquittez[2] cet homme et justice sera enfin faite.

Puis maître Fongrave se rassoit au milieu des applaudissements.

Et je suis acquitté.

Pour la première fois de ma vie, je sens que quelque chose vient de changer, que la vie va commencer à être un peu plus facile, pour nous, pauvres gens.

---

1. Tyranniser : persécuter.
2. Acquitter un accusé : déclarer qu'un accusé n'est pas coupable.

Je retourne vivre chez Jean. Je suis heureux de me trouver libre mais mon bonheur n'est pas complet, car je ne cesse de penser à ma chère Lina.

* * *

Le temps passe.

Je trouve facilement du travail car, depuis l'incendie du château de l'Herm, les paysans m'apprécient beaucoup.

Maintenant, ils sont tranquilles car le comte et sa famille ont quitté définitivement la région.

Ils m'invitent souvent chez eux à dîner ou à prendre un verre. Je me sens entouré d'amis, mais ma tristesse continue. Je ne peux oublier Lina.

Un dimanche où je pense plus que jamais à elle, je décide d'aller voir Bertille pour parler avec elle de notre amie.

Je la trouve près de chez elle.

– Comment ça va ? lui dis-je.

– Hélas ! mon pauvre Jacquou, j'ai eu beaucoup de malheurs depuis que je t'ai vu.

– Lesquels, ma Bertille ?

– Ma mère est très malade et elle ne peut plus bouger de son lit. Alors je n'ai plus de travail car je dois la soigner. Et mon pauvre Armand, mon fiancé qui était soldat, est mort en Afrique.

– Pauvre Bertille, je te plains beaucoup !

Alors nous parlons pendant longtemps de nos

amis disparus et je me sens mieux.

En partant, je lui dis que je viendrai la voir le dimanche suivant et je lui donne un peu d'argent car je vois qu'elle et sa mère en ont bien besoin.

Pendant toute la semaine je travaille avec courage. J'ai décidé d'aider Bertille autant que je le peux.

Le dimanche suivant, je vais à nouveau la voir, et ainsi de suite pendant trois mois.

Un jour, en la regardant, une idée me traverse l'esprit.

J'aime Bertille comme une sœur, je sais que je ne peux pas l'aimer comme j'aimais Lina, mais nous avons tous les deux beaucoup souffert, alors pourquoi ne pas nous unir et continuer la route ensemble.

Je ne lui parle de rien, mais cette idée me trotte dans la tête chaque fois que je la vois.

Sa mère meurt.

J'aide Bertille pour tout.

L'hiver vient puis à nouveau le beau temps.

Je continue à voir Bertille, je suis de plus en plus heureux d'être avec elle. Je sens que je commence à l'aimer d'une autre façon.

Sa mère est morte depuis plusieurs mois, alors je me décide à lui parler :

– Bertille, nous devrions nous marier et vivre le restant de nos jours l'un près de l'autre.

– Oh ! Jacquou ! me répond-elle, pourquoi unir nos misères ?

– Parce qu'il est plus facile de les supporter à deux, en nous aimant beaucoup.

– Si tu le veux, dit-elle, je le veux aussi.

Sur ce, elle me prend par le bras et elle se serre contre moi.

Nous nous marions après Noël.

Je suis heureux. Enfin je ne suis plus seul.

PISTE 14

*J*E SUIS VIEUX MAINTENANT. Ma vie avec Bertille a été heureuse. Le travail n'a jamais manqué. Nous avons eu treize enfants. Ils sont tous mariés et ont eux-mêmes des enfants. Ma bonne Bertille est morte depuis dix ans et je vis chez un de mes fils, à l'Herm. Je ne sers plus à rien maintenant car je suis devenu aveugle[1] et, pour me déplacer, j'ai toujours besoin d'un bras qui m'aide. C'est souvent celui de ma petite Charlotte, mon adorable petite-fille. Elle me conduit à un endroit au soleil, quand il fait beau, et je reste là à penser à ma vie, aux êtres que j'aime. Je pense à ce que j'ai fait, à l'incendie du château et, comme les gens du tribunal, je me trouve des excuses, je ne me sens pas coupable.

Dans le village et partout on m'aime et on me respecte car, pour tous, je suis celui qui a délivré les paysans de l'horrible comte. Tout a en effet changé depuis le départ de celui-ci. Les gens ont pu acheter des terres, s'occuper seuls

---

1. Aveugle : qui ne peut pas voir.

d'une petite exploitation[1]. La vie a été plus douce pour eux.

Les gens de l'Herm sont particulièrement fiers de moi.

Quand des messieurs viennent visiter les ruines du château, s'ils posent des questions à son sujet, on leur répond :

– Le vieux Jacquou vous dira tout là-dessus ; il sait mieux que personne les histoires de l'Herm, de la forêt et du château ; c'est lui qui l'a fait brûler.

Et alors, quelquefois, on vient me voir et, assis sur une grosse pierre, dans la cour, je raconte mon histoire. Un de ces visiteurs, qui est déjà venu deux ou trois fois, m'a dit qu'il l'écrirait telle que je la raconte. Je ne sais pas s'il le fera, peu importe.

Ma vie prend fin doucement ; je suis en paix avec moi-même, aimé des miens et apprécié de tout le monde. Très calme, resté le dernier de tous ceux de mon temps, j'attends la mort.

---

1. Exploitation : propriété agricole.

Les métiers au XIXe siècle

Avocat (au tribunal) : personne chargée de défendre un accusé.

Charbonnier : personne qui fait du charbon ou qui en vend.

Cuisinière : femme chargée de faire la cuisine dans une maison.

Cultivateur : personne qui cultive la terre.

Curé : dans la religion catholique, homme qui dirige une paroisse.

Évêque : dans la religion catholique, homme qui dirige tous les curés d'une région.

Faneuse : femme chargée de retourner l'herbe fraîchement coupée pour la faire sécher.

Fermier : personne qui exploite une propriété agricole.

Garde : personne chargée par un propriétaire de surveiller ses terres et de veiller à sa sécurité.

Gendarme : personne chargée de veiller au maintien de l'ordre.

Journalier : personne qui travaille à la journée.

Juré (au tribunal) : un des membres du jury chargé de déclarer coupable ou non coupable un accusé.

Maire : personne chargée d'administrer une ville, un village.

Métayer : homme qui travaille dans une **métairie**, c'est-à-dire dans une exploitation appartenant à un autre homme ; il doit donner la moitié des récoltes au propriétaire.

Président (au tribunal) : celui qui dirige les interventions pendant un jugement.

Procureur (au tribunal) : homme qui parle contre l'accusé.

Régisseur : homme qui administre, régit la propriété d'un autre homme.

Servante : femme employée dans une maison comme domestique.

Valet : homme employé dans une maison comme domestique.

1) Chercher l'intrus dans les séries suivantes.

château - maison - trottoir - cabane - chaumière
chou - assiette - carotte - haricot - tomate
lit - table - armoire - arbre - chaise
drap - nappe - lampe - serviette - torchon.

2) Répondre par vrai ou faux.

a) Jacquou est le fils d'un comte.
b) Le roman se passe dans le nord de la France.
c) Au cours du roman, Jacquou devient orphelin.
d) Il est élevé par un curé.
e) Il hérite de la maison du curé.
f) Il tue le comte de Nansac.
g) Il se marie avec Lina.
h) Il a beaucoup d'enfants.
i) Il est aveugle à la fin de sa vie.

3) Résoudre les devinettes puis compléter la grille.

1. Boulette noire qui réchauffe quand on la brûle.
2. Il sert à faire des meubles, du papier et aussi à se chauffer.
3. En automne, on les fait griller ; ils sont si bons, chauds, tout chauds !!!
4. On l'utilise pour chasser le gibier, le gros ou le petit.
5. En hiver, on l'entend parfois hurler à la mort.
6. On la mange le soir.

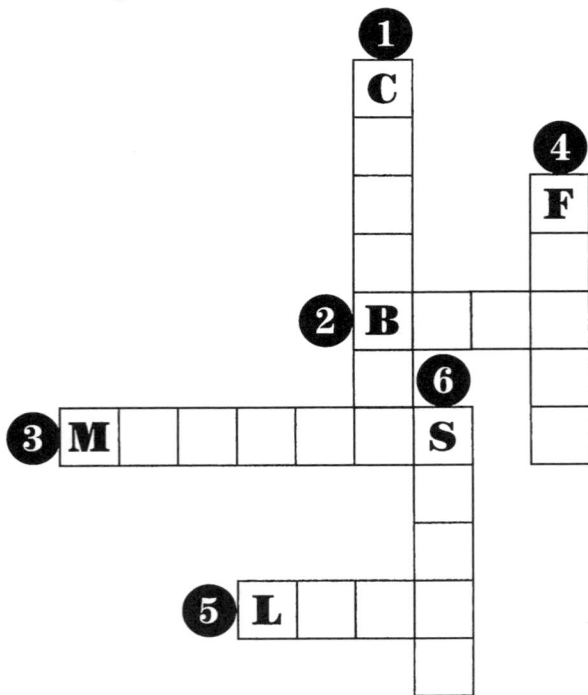

4) Parmi ces noms d'animaux, indiquer ceux qui vivent à la ferme et ceux qui vivent en liberté dans les bois.

mouton - lièvre - vache - cerf - poule - sanglier - faisan - lapin - loup.

5) Choisir la bonne réponse.

Cette histoire se passe en :

❒ 1815

❒ 1818

❒ 1822

Le père de Jacquou chasse des :

❒ sangliers

❒ oiseaux

❒ cerfs

M. Laborie est :

❒ régisseur

❒ juge

❒ curé

Martissou est arrêté un soir de :

❏ Noël

❏ Carnaval

❏ Nouvel An

Jacquou apprend le métier de :

❏ charpentier

❏ charbonnier

❏ cultivateur

Jacquou est emprisonné à :

❏ Sarlat

❏ Montignac

❏ Auriac

Bertille est :

❏ la sœur de Lina

❏ l'amie de Lina

❏ la cousine de Lina

6) Mettre au masculin les mots suivants.

comtesse - faneuse - fermière - paysanne - cousine - cultivatrice.

7) Compléter le texte suivant avec les mots donnés ci-dessous.

vin - farine - cheminée - travail - gâteaux - blé - œufs - ferme - bœufs

Dans cette ...., il y a des vaches, des ...., des moutons et des poules. Tous les jours, on ramasse les .... frais pour préparer des .... et des omelettes. On cultive également du maïs et du .... pour faire de la .... À la fin de l'été, on cueille le raisin pour en faire du .... L'hiver, comme il y a moins de ...., on passe les soirées près de la ...., où on allume un grand feu.

Solutions

1) trottoir ; assiette ; arbre ; lampe.

2) a) faux b) faux c) vrai d) vrai e) faux f) faux g) faux h) vrai i) vrai.

3) 1. charbon ; 2. bois ; 3. marrons ; 4. fusil ; 5. loup ; 6. soupe.

4) *À la ferme* : mouton - vache - poule - lapin. *Dans les bois* : lièvre - cerf - sanglier - faisan - loup.

5) 1815 ; oiseaux ; régisseur ; carnaval ; cultivateur ; Sarlat ; l'amie de Lina.

6) comte - faneur - fermier - paysan - cousin - cultivateur.

7) ferme... bœufs... œufs... gâteaux... blé... farine... vin... travail... cheminée.

Édition : Martine Ollivier
Couverture : Fernando San Martin
Illustrations : Conrado Giusti
Réalisation PAO : Marie Linard

Crédits photos
Couverture : shocky/Fotolia
p. 3 : Jean-Loup Charmet

N° de projet : 10237137 - Dépôt légal : avril 2017
Imprimé en France en mai 2017 par la Nouvelle Imprimerie Laballery - N° 705093